Nsapo KALAMBA

BU NKAAYA BWA MUFUKI
MU AFRIKA

CiSubu: Ku dia bakashi, kudi cinfwanyi cia CiIsa / CyAsa (*3ś.t*) cya Maawesha – mu cinkalabwa Isis -ne mwanende Nkole./ Nkulu (*Hr*) – mu cinkalabwa Horus -. Ku dia balume, ditentulula dia mwanda ewu bwa kufuka lusumwinu lwa Maria ne mwanende Yeshua. Cimfwanyi cisungula kudi Afrobook, cilwila ku buNtanda anyi luNtandala:
http://de.wikipedia.org/wiki/Bild:IsisundMaria.JPG ne
http://en.wikipedia.org/wiki/Image:MaryAndHorus.JPG

CIFUFU CYA NGENYI YA MUFIKA
ACADÉMIE DE LA PENSÉE AFRICAINE
ACADEMY OF AFRICAN THOUGHT
_____Section IV, Vol. 6_____

KALAMBA NSAPO

Mukebi mu Cifufu cia Ngenyi ya MuFika

BU NKAAYA BWA
MUFUKI
MU AFRIKA

MIKANDA YA NKONGAMYANDA YA AFULUKA
PUBLICATIONS UNIVERSITAIRES AFRICAINES
AFRICAN UNIVERSITY STUDIES
MUNICH-KINSHASA-PARIS

-Afrobook-

CIP - Titelaufnahme der Deutschen Bibliothek
Kalamba, Nsapo:
Bu Nkaaya bwa MuFuki mu Afrika
(Academy of African Thought & African Institute for Future
Studies –Dept.: Diop-Center for Egyptology; Sect. IV, Vol. 6)
Munich, Freising, Kinshasa: African University Studies, 2007
ISBN 978-3-931169-10-7

© 2007 African University Studies
All rights reserved.
Typeset at AUS-PUA, Germany
Afrobook, Bahnweg 9b, D-85417 Marzling / Germany
afrobook@yahoo.de
ISBN 978-3-931169-10-7

0.
BuNkaaya ncinyi?

Aaka-ntanga anyi Anga-Tony[1], mubikila mu mfwalanse Akhénaton (ku ba bidimu −1353/−1336), mwana wa mam Teya anyi Ciya, ne mufundi wa Mifundu ya „Bwadi bwa Memfise" (ku ba bidimu −3000/-2500) kumpala kwa difika dya Yezu – ne bakwabo bena mu mpata ya Nil, batu bamane kuzangika mwanda eu munene a BunKaaya bwa Mufuki.

Kadi patudi tulwa kubala bimpe mulutulu Malu a Mufuki, a Mawesh-a-Cyama, akamba banyinka ne adibo kabaciyi balongesha bana kwetu, tudi tumona ne bakulu betu bavwa benza cilema mu kwiumansha malu aa ne kulonda malu miba ne mabweshakane.

Kadi katubapi cilema to. Ditunga dyetu divwa ku bupika. Kabatu amu batunyinga budikadidi, buloba ne bonga to, batu batunyinga ne yetu ngenyi ne wetu Mufuki. Bakashipa bakulu betu bu nshishi, kosha misoku, kosha bana ne bamamu. Kudyata

---

[1] Mbikidilu wa *ꜣḥ-n-Itn* kudi shushukulu Bilolo Mubabinge. Mu minga mifundu udi umubikila kabidi ne : Ashaanti.

Mawesha-Nangila ku makasa. Ku mupenda, ne mFidi-Mukulu wa cyanana, wa bapika. Yetu mpingu kunyengabu bwa kupingasha pingu ya bena makoba a mashi-mashi. Too ne lelu ewu, katwena banshi kupeta budikadidi mu Malu adi atangila Cyotu cya Mawesh-a-Cyama to. Tudi bashale amu mu nshila wa bupika ne wa didipepesha.

Eku banyinka batumanyisha mudi kufwa ne mudi nshila-a-moyo. Kadi twenda tutwa manema abo ku makasa bu tunyama. Madimi matushila katuciyi tuadima. Bitwashila bitushila tuya tubibumbula bwa kulonda bidingishilu ne ndota ya binkalabwa.

Tudi bapwa moye se: Bulanda bwetu ne mutufuki, mbulanda bwa Tatu anyi Maw (>Mamu) ne Bana bende. Nansha yeye mupele, katwena mwa ku mushintakasha ne Taw anyi ne Maw wa dikoba dya mashi anyi dya dîma to. Tudi ne bwa kutelesha, kunemeka ne kulonda Mawesha Mutufuki, Sha-Bende, Nina-Ntu, Sha-Nkole, Sha-BaNdela baKulu. Ku naya ne mapa a Bankambwa, kudyata Meeyi a Mawesha-Mufike, Mawesha-Luswa-Mutuswa, nkushipa bumuntu ne budikadidi bwetu

Mwakadi Nkonko Kakoyi wambila mwanabo Kanyuka ne :

« *Mukalenge patwafwa,*
Bana ne bashala ku bupika
Mpingu ne bimfwanyi base ku bimana
Mvidi ya mu cibombi bayinwine maluvu ».

Pakwela meshi ku byonso ebi, twakwasa mwanda munene wa «*Bunkaaya bwa Mufuki mu Afrika* » mu cyalu.

Bunkaaya ncinyi? Pacibidilu bunkaaya kabutu bwimpe mu nsombelu wa bantu. Banyinka bakamba ne:

- „Nkaya ndutatu, babidi mbapite";
- „Kalume ka nkwadi kadi kasa mu cipongo nkayaku";
- „Nyoka kwenda nkayeba nkufwa ku musungu".

Kadi BunKaaya bwa Mufuki budi wabo mushindu. Mufuki udi ufuka mwikala nkaya, mwikala nkayende, kena ulomba lupemba kudi muntu. Ebu bunkaaya, kabwena bumutonda, bwalu mbudi bulela moyo.

Disamuna anyi dishukula dia Bunkaaya bwa Mvidi Mukulu Musangana Mwenapo ne Musangana Mwenabyo, Mufuki wa bibishi ne byosha, Mukulu ku lungenyi, ndi tampakane mu mpata ya Nil. Bwalu ebu, kabwena bwa didinga to. Kabwena bwa ludimi to.

Kadi bu mudi "bikwambila" bikala mpata, bimpe wadimwena nkayebe bidi bifunda pa bimana bya pyramida ya mu Kémet, ku ba bidimu binunu bibidi ne nkama itanu kumpala kwa diledibwa dya Yesu.

Ke ngumvwilu mwimpe wa Bunkaaya bwa Mvidi

Mukulu kafukela mwena bantu, mwena bakashi mwena bana, mwena bidi panwapa byonso. Ke citudi baswe kwanyina mu mukanda wetu pa kusulakasha dyalu dya difuka.

Bwa cinyi kwela meshi pa Mvidi Mukulu eu utu amu ku bumwe mu Afrika? Bamvidye benyi batudi basekelela kabena batutwila anyi? Too. Aci ke ditentula didi ditushipa dituku dyonso. Mudikeba kutufikisha bwa kulonda babo bamvidi, benyi abu badi batwambila ne: Mvidi yabo ke Mvidi-Mukulu utu amu kubumwe to, ke Mawesha-Mufuki-wa-Cisamba-Cyonso to.

Cidi kaciyi cyakanyina ne muminu wetu cidi cikeba lufu. Bankolomo bakamana kwamba :

«Londeshila londeshila…
Londeshila pa kapasu
Ne pa kanyi ka pa tutela
Nanku kele katwa mu nyama».

Mu mabeshi adi alonda aa, ndi mfila bileshelu binene bya Malu a Mvidi Mukulu a banKambwa ne bya mitembu anyi ntendelelu ya kwetu.

1.
Buneme bwa Misambu ya Disamuna nayi MuFuki ne BaKulu

Tudi bafwe mu dikukwila mvidye ya binkalabwe bwalu tudi tulotakana se, bobo ke nshila wa kulwa moyo ne kupanduka ku lufu. Twela meshi ne banKambwa ke mbatushile nshila wa Moyo, wa Kala-Kokomba to. Batudi tutwila binu se mbavwe mwa kwikala bu balunda bonso. Nganyi utu ukukwila mulunda wende nansha yeye mumutapila mbushi?

Nganyi utu utendelela nshandi mumuledi nansha mumulesha bitena kumona? Bwa cinyi moyo wa bantu udi ne cya kwikala mu byanza bya cifukibwa bu meme kunu?

Katupu moyo ne tudi bonso Bana-ba-Mvidi-Mukulu. Bushitu bwa mwaku ewu kabwena pa mFidi to, budi pa MuKulu ne pa Bana. Moyo wetu udi amu mu byanza bya Mayi Mfukya mukele, Mulopo Mwena-Bantu, Mwena-BaKashi Mwena-Bana, Mwena-bidi-panwapa-ne-bidi-dishiya-byonso. Yeye ke Diba katangila cishiki, wakutangila dyamwanda nsese; ke Mukalenge kakwidi Cyota utu wakwila Bukwa-Bantu bonso. Muntu wa macyo ne mesu kena mwa kwambula bushitu bwa mwinende kumutamba to. Kafukele Mwena-BaNtu mmutambe too ne bayaya ku ngondo.

Bidi bikengela mudimu wa bungi bwa kumvwisha malu aa kudi bena bitendelelu bidi bitapa bu meshi munda mwa Afrika. Bena bitendelelu badi badyamba ne mbasungula ne basungila kudi muntu kampanda. Ke patudi tubasaka kukadi bidimu bipite pa bitanu bwa basulakasha ciluba cyabo bimpe ne balepesha lungenyi. Lupandu lwabo se Mvidi Mukulu. Pashishe, Mufuki wa bantu katu ne kansungansunga to. Muntu yonso wendenda ncifukibwa cyende cya pa moyo, mmwanende. Munyi mwalwa Kafukele mwena bantu kusungula mposa kushiya makubwa? Munyi mwalwaye kupwa moyo ne utu usenga Kanku usenga Cibwabwa, bwalu kakwena ukena mwanende?

Kwamba bwalu cyakabidi nkumvwa bimpe. Ke patudi twamba ne twambulula bwa kusopwesha bafike dikoba ba mu Afrika ne mu buloba bushima. Kacya batoke batulomba bwa kusulakasha meyi mafunde mu mikanda ya cishila ne ngenzela ya bantu, kabena balekela kupetula muntu mufike ne kumudyafula bintu, maloba ne makalenge onso a mu buloba. Ku mesu kwabo, munu-kame ucidi mwana wa kwamwisha dibele nee kukengesha, kumuna.

Munda mwa bimwe bitendelelu bya kale, mwenenu wa "Bible" ne bulongolodi bonso mbintu bidi bilombola kudi binkalabwe bilondeshile mwenenu wa kwabo. Kabatu bazangika mufike ne bamomekela bushitu bwa lwendu lwa cisa cya bena Mawesha ba buloba bushima. Mvidi Mukulu wakalwa wa bena mekala mashilangana ne a bafike. Ndi umwe wa ku bena Afrika badi bashadika myanda eyi kunyima ne ku ntaku yayo.

Ndi mwela meshi pa mwanda eu mu mifundu yanyi ne mulomba bafike bwa balekela kukukwila nsombi ya bupika ne kusekelela badi bayilwacika bilamba bya mushinga. Padi muntu mufike upeta dikuta difuma kudi binkalabwe anyi upeta mwanzu kampanda, udi upepesha bitudi twamba ebi ne uleka musoko wa bankambwa. Ke mutukadi tunyokangana dinda ne dilolo.

Kadi banyinka bakamba ne: *kunyoki muntu, muntu ngwa bende wa Mawesha.* Muntu kayi? Muntu yonso wa mu buloba bushima. Edi diyi ndinene mu misoko ya bantu bafike. Ke cishimbi diyi bwa bonso badi bakeba Mawesha anyi Bukenke bwine. Bena Tshikapa Kele mbabyamba mu ngimbilu wabo wa misambu. Cileshelu: "Cisa cya Maweeja" (diba didibo batapa kapya ka bukenke) anyi "Buloba bujima imbilayi Mfumu wenu":

a) Cileshelu cia kumpala: *Cisa cya Maweeja*

Cisa cya Maweeja,
semenaayi ne lukunyi ne bisoosa
ne diiyi dimwe,
ne bobomwe ne dinanga.

Bafwe ne ba mwoyo,
lwayi lwayi tudisange
tuteme kapya ku cyota cya Maweeja,
cya didisanga.
Kapya teema ubande,
ubila Bankambwa ne Maweeja
balwe tudisangisha kapya nkooku'aka,
tudi bônso tunubile ku Cyota cyetu,
nulwe ne bukole bwenu.

1. *Kapya nkabenga dishima,*
   dishima tulekele...
2. *Kapya nkabenga buloji,*
   buloji tulekele...
3. *Kapya nkabenga lubaabu,*
   lubaabu tulekele...
4. *...lukuka...*
5. *...bwiminyi...*
6. *...bwivi...*
7. *...masandi...*
8. *...bupika...*

Kapya teema ubande,
ubila Bankambwa ne Maweeja

*balwe tudisangisha kapya nkooku'aka, tudi
bônso tunubikila ku cyota cyetu,
nulwe ne bukole bwenu.²*

Musambo ewu udi ushadika ne bwa Mwena-
Apiluka anyi Afuluka udi mumanye dikala
Bwena-Cyotu bwende ne Mawesha. Padiye
usanka, utwa cyanga anyi wela kabobo, udi
ubila Mawesha wa Cyama, ubila ne
Bankambwa ku Kapya ka Cyotu, ka Diku. Udi
mumanye ne usamuna cidiye mwikale: Mwana
wa Mawesha, Mwena-Cyoto cya Mawesha.

b) Cileshelu cia cibidi:
Buloba bujima imbilayi Mfumu wenu³

Bonso: *Buloba   bujima   imbilaayi
Mfumwenu.
Imbilaayi nusamune dina dyende
yoyoyee
Imbilaayi nusamune dina dyende
mu bukwa Bisamba*
UmWe: *Ditunga*

---

² Ndi mulonda mfundilu wa misambu eyi mu mukanda
wa KABASELE LUMBALA, *Ndi muluba, (je suis un
Muluba)*, Ed. Panubula, Louvain-la-Neuve (Belgique),
2004, dib. 198, 210.

³ Bilondeshele KABASELE LUMBALA, *Ndi muluba*, muk.
Mut., b. 210.

Bonso:	*Ditunga dya Kasayi ne matunga a mukwa-Mufiike. Afrika mujima*
UmWe:	*Imbilaayi Nzambi wa Bankambwa beenu.*
Bonso:	*Imbilayi yo yo yi we.*

- Kasuyi kacinyi nkelenda...
- Cilobo kacinyi balwishi...
- Cipepela ukeena kuteya...
- Maweeja mukwa lumonu...
- Mâyi Mfuki'a mukele...
- Nkashama wa dyende diitu...

Mubadi onso anyi ewu yonso utu uteya maci ende bwa kutelesha mu lutulu musambu ewu, nansha musambu wa Kamulang, mmutandule bushitubwa mamanya a Mufuki adi bena kwetu nao. Batwila Mufuki cyanga ne bamututwila matumba.

c) Buneme bwa misambu eyi

Misambu eyi idi itwambulwisha bwa kunemesha cyena bwalu cya mukanda wetu: idi ileesha mudi bena Tshikapa bashandula ne Mawesha m-Bukenke bwa bukenke bulelela. Ke ngumvwilu mushindame wa mwaku «Mawesha» mu cikame.

Dikebulula edi dya mwaku "Mawesha "didi divulwisha mwambamba bakulu ne: cidibudibu ntumputumpu, myanda nya kale kale ki nya lelu. Malu a Mvidi Mukulu mamba kale mubunkame, ki nga lelu. Ke cyena bwalu cya citupa cya kumpala cya mifundu yetu. Kunyima netudyele nkonko bwa kuteta mwa kumanya cidi Mawesha wenza ne cidiye mwikale. Ke kipacila ka citupa cibidi ne cisatu cya ngenyi itudi twabanyangana. Byonso ebi bidi mwa kwambulwisha bwa kumvwa cidi bunkaaya bwa Mufuki. Ke dishinga dyetu dinene.

2.
Malu a Mvidi-Mukulu mmamba kale kudi Ba-Kame

Malongesha a Banyinka, Meyi Makulu abo adi ambulula Malu-manene a Diba-Katangidibwa-Cishiki mafunda bidimu bipita pa 2000 kumpala kwa Bena-Isalele kubanga kufunda ne bidimu bipita pa 3000 kumpala kwa Yezu. Kadi dibadilayi malu aa bwa nudimwene bushitu, bushalame ne busheme bwao.

a) Cidikishilu wa ba bwalu:
Cïitabi cinunùke[4]:

Ku mbedi ambëdiale, kùvwa maeji;
E cu fuikija- ho lungènyi, cu dy àlul- ho, è cu fùchila- ho milowo;
Haô- ho aha ki Cätella wu caèna diîna,
Mvidi ambëdi, Mvidi Mukülu, Mvidi Kûcku, Mvidi Mununu;
Mvidi Mushidïmané, Mvidi Mupättamané, Mvidi Wumwe épelè;
Mawueja Nangila, wuejèle, wuà Dyàlula milopo: miewüluké nè mieyàya;

---

[4] «Credo antique», bilondeshilu ngumvwilu wa Akhénaton kudi Mukendi wa Ntite.

Nkole wu Dyaluile Mikombe, Ciâma,
Kavidye nè milopo lufùtuttu;
Musangäne Muena-byo biônso, Shià- pànu-
nè- pânga;
Mufùchi wa bïmoeka nè bïcingamana,
Mufùchi wa bïumvuika nè bïumvuebe;
Wa bïikala, bïayikala nè bïshikala;
Mufuchi wa Buloba, kapeppële, mudilu nè
maâyi,
Mufùchi wa cishidïbuala, mpäma, Diulu nè
mituôto,
Bisuosé, biîshi nè nnyama: ku cishiöndo
ciënde citwè,
Shiabäntu nè Muabäntu: ku dïyu diënde
ditùlle;
Ntitte, Luàbanya- mäkalenge:
Wu imïchilé Mikombe bulongämi, cu
shïmbicha Ciâma bulubù,
E cu pà Kavidye bundeja- bäntu, bù vwà-
ko kà kècka, kà jiabalala;
Wu ambïchilé cifùcha ciônso buäcyo buïdi
nè käacyo kaikëlla:
Bipuekèle bi ciônkomokeja bibändilé,
Muntu, wu Dy fuänyichilé-Yè päende, wù
subukila mu ciangäyyi;
Nsenda, Ngâi mpakaja wa mpäciayi,
Wu fùmbile Muntu nkùtu yïsatu:
Mukishi muulubuki, ne nkishi cäfuele,
munde müawo;

Cilengu-lengu, citaminyi mivu, cishiädi cyà mu müenji;
Nè mubidi wa mbidi mumeta buloba, mujimiche maeîsu nsämbo yïbidi:
Hà cu dyila, hà cu sùkumukila, hà cu moèna nè hà cu umvuila.[5]

b) Cyona cimwe eci mu fwalansa:
Le credo antique

Au commencement était la Pensée,
Elle élabora un plan de métamorphose et créa pour son plaisir;
Incréée, elle est sans- nom;
Elle est le premier génie, la première institution; elle est Kuk; elle est Noun;
L'Esprit éternel, Ptah l'immanent, l'Un- Ré;
Père-et-Mère Adorable qui engendra les Esprits: majeurs et mineurs;
Le Tout-Puissant qui, de sa personne, fit surgir Khons, Mut,
Kavidye et la multitude de neteru;
Le Premier-Occupant, le Maître de tout, le Shah d'ici-bas et d'ailleurs;
Le Créateur des choses visibles et invisibles;
Le Créateur des choses sensibles et non-

---

[5] MUKENDI Kalala wa Ntite Kembe, *A la recherche du ciluba cikendame*, dib. 199.

sensibles;

Des êtres présents, de ceux qui ont existé et de ceux qui pourraient exister;

Le Créateur de la Terre, de l'air, de l'eau et du feu de lumière;

Le Créateur de l'univers, des planètes, du Ciel et des étoiles,

Des végétaux, des insectes et des animaux: au moyen du geste;

Du Père et de la Mère des hommes: par le souffle;

Grand Seigneur, Distributeur des rôles,

Qui chargea Khons de l'administration de l'ordre, Mut de la prospérité,

Kavidye du gouvernement des hommes qu'il tint, farouchement, pour peu flatteur;

Qui conféra à chaque créature sa quiddité et sa raison d'être:

Celles du bas au service de celles du haut de l'échelle;

Et à l'homme, créé à Son image, de prendre part à Son bonheur;

Forgeron, Parfait Artiste,

Qui sculpta l'Homme comme un ensemble de trois enveloppées épiphaniques:

L'âme, munie de Ba: immortel, admissible au Paradis;

Le fantôme, qui peut se réfugier dans un totem et qui demeurera sur la lune;

Et le corps fait de terre et pourvu de six paires d'orifices:
Qui servent pour manger, évacuer, voir, entendre et sentir.[6]

Bakamba ne makaya kaatu atamba nshingu, mwana mulela katu watamba nshandi. Akhénaton uvwa mwana mulela wa kamanyi nshila. Yeye kena mwalula malu a mupimbu adi atangila Mufuki to. Mmualongela kudi banyinkende ba mu mpata ya Nil mwakadibo bakukwila Mvidi Mukulu bu Katena dina anyi Amon, Ra, Ptah...

Ke nshindamenu wa budikadidi bwa bantu bafike eu. Ke nshila wa moyo eu. Bidi mwetu tente, amu cyebe pebe ...

[6] MUKENDI Kalala wa Ntite Kembe, *A la recherche du ciluba cikendame*, dib. 200.

3.
Mba mba mba mba mbambale

a) DiFuka dia Bukwa-Bintu kudi MuDiFuke

Diba dya kukumbana bwa kwanyina difuka dya bya bukwa panu bitudi tupepesha dinda ne dilolo.

Netumone mudi Mvidi Mukulu kayi ufwile bumvidi bwende ne mvidi mikwabo yonso.

Bu mwambilebo ne Mvidi Mukulu udi umwe pa buloba ne myaba yonso.

Yeye ke udi mwasakasha metu, mwasakasha misoko. Mufuke byonso too ne bicivwavwa.

Mwanda eu munene. Bitwaswa kuulonda too ne ku ntaku yao, netupange ne mabeshi a kufundila. Mbimpe babadi babale meyi makulu a difuka dya bintu ne bantu: *Mba mba mba mba mbambale*[7].

> «*Mba mba mba mba mbambale,*
> *bintu byonso mbya Mvidye,*
> *Mvidye wa mulu wafuka.*»

---

[7] KABASELA-LMBALA, Ndi Muluba, muk.mut., dib. 164-169.

Ufukile pa kudyalula.

Kwanjiye kufuka ba mvidye bakwabo babidi: Mwana-Buta ne Cyama.

Mwana-Buta umupatwile mu mpala mwende,

bu munyinyi wa mu mpala mwende.

Kudyalulaye kabidi e kupatukaku Cyama,

bu Mwadi mu nzubu mwa Mfumu wa Lubanza.

Busatu bwabo ebu budi bu macyuwa asatu atudi tuteekela lwesu bwa kulamba bya kudya pa kapya:

«Mfumu wa Lubanza, Mwanabuta ne Mwadi wa Lubanza basangila bwa kuenza mudimu munene».

Kunyima, Maweeja-Nangila e kudyalulaye kabidi, kupatulaye Mvidye Mulopo, Katuma, mufikishi wa mikenji.

Peshisha, misangu ibidi milondangana, ekufukaye mvidye mikwabo inaayi, mvidye mishadile; bônso kwenzabo 12, bungi bujalama bwa cishiki.

Kunyima kufukaye nyama ya mu dyulu dya katongobela itudi katuyi tumona ne meesu; yidi bimfwanyi bya mvidye ya Kulu,

Nkashama ne Ntambwe bwa mvidye wa kumpala,

Muntu bwa mvidye mwibidi,

Ciminyi bwa mvidye mwisatu,

Mbowa bwa mvidye mwinaayi;

Ke bwalu kaayi bungi 2, 3, 4 mmangi adi ne mushinga mukole ku cifukilu:

Ibidi yileeja muvwa Maweeja-Nangila mufuke bintu byonso, bididi bibidi,

ciluma ne cikaji, cikulu ne cyakunyi,

byanza bibidi, makasa abidi, mesu abidi, mimpempe ya dyulu ibidi, mipesa yibidi.

Isatu yileeja buobumwe bwa ntwadijilu: Maweeja-Nangila, Mwana-Buta, ne Cyama (Mwadi wa Lubanza).

Inaayi ileeja didyalula dibiidi dya Maweeja-Nangila.

Ke bwalu kaayi baana badi baledibwa mapasa, badi ne «mwanzu» wa pa bwawo;

nansha mwana udi uledibwa mulume nansha mukaji

kunyima kwa bakaji nansha balume basatu nansha banaayi, udi ne « mwanzu » wa pa bwawo.

Mu didyalula dyenda disaatu, Maweeja-Nangila kufukaye bintu, bibidi bibidi,

bintu bikulu: Nzembu ne Lupepela, Mâyi ne Kapya, Dyulu dya Katongobela ne Dyulu dya pa buloba, Butooke ne Midima,

Bitookeshi binene (Dîba ne Ngondo) ne Mitooto.

Bintu bikulu ebi kabyena bimweneka ne mesu to kadi bidi ne mapasa abyo, ke atudi tumona ne meesu.

Bwalu Dîba dya mu Dyulu dya Katongobela

ke bukenke bwa Mpala wa Maweeja-Nangila;

ngondo wa mu Dyulu dya Katongobela

ke bukenke bwa kabonkoshi ka Maweeja-Nangila;

mitoto ya mu Dyulu dya Katongobela ke Meesu nkama a Maweeja-Nangila.

Bintu byonso ebi bivwa byenza biluma ne bikaji, bikulu ne byakunyi.

Biluma bidi ne cidibamba, bipatakana, biswa mvita ne kutuma diyi.

Bikaji bidi ne lutuulu, ne cintekanteka, byondoka munda, biswa kwela cijengu.

Meekala adi kabidi mafuka abidi abidi:

mapasa abidi a nshindameenu wawu ngowo aa:

Ditooke ne Dikunza - Difike ne Difiikuluke.

Ke mudi kabidi bwa myuvu: Mushipu ne

Mvula.

Ku bifukibwa byonso, anu Muntu ke uvwa Maweeja-Nangila mwela lupeepela lwende munda mwende.

Bwalu uvwa muswe kumwenza Mfumu wa bifukibwa byonso, mufuka ku cimfwanyi cyenda yeye cya Maweeja-Nangila.

Ke bwalu kaayi upeshila Muntu bukenji bwa Mwaku ne bukookeshi bwa kwakula.

Bikwabo byonso e kubyenzaye pa kusambakaja

Mâyi ne Kapya bya mu Dyulu dya katongobela.

Bukole bwa diyi budi bumwenekela kudi muntu

mu micipu ya aba badi ku mutu kwetu,

mu myaku ya lupemba ya Baledi ne bamfumu ba matunga, mu dyenza bwalu kudi diyi dishiya, nansha ku dyakula dibi.

Kadi nansha muvwa byonso bifuka ne bulongama,

bwalu bwakenzeka, ndongamu kupampulumukaye.

Mumvwija pa bwalu ebu adi kabukabu;

bamwe badi bamba ne muntu ke wakenza bibi

pa kubenga kulonda mulongo uvwa Maweeja-Nangila mumuleja;

bakwabo badi bamba ne, dipampulumuka ndifuma ku ditomboka dya yimwe mvidye mitungunuja kudi mvidye Katuma, Kongolo ka Lukanda.

Maweeja-Nangila kumunyoka, ke kwandamukaye Nyoka wa mu mâyi, mwena lupeepela ludi lumweneka ne meekala asatu mu mavuba

dîba didi mvula upumba (Mwanza-Nkongolo).

Yeye ewu, ke Kavidye-vidye.

Mu dinyoka dyende ke mwenzekela dyabuluka dya Dyulu, Buloba ne Mvidye;

Bwakane ne Bubi kutwadija kwelangana mvita,

ngikadilu ya bifukibwa kutwadijaye kupampulu-muka:

ke papatukila binyunyi-mpuku, nsoko-muntu, nkaka, biibulebule, tupulukusu.

Muntu kujimijaye bimwe bipeelu byenda bya ku cifukilu, amwa makela a byumvwilu a ku mubidi wenda kujibakanawo bu mudi dikela dya mwinshi mwa nkonko wa cyadi, dikela dya mu lubombu, ne dya mu kabonkoshi.

Bwa kufila bulongama bupyabupya,

Maweeja-Nangila kwabulula myaba inaayi:

1) Mu Dyulu dya Katongobela, ke mushadila ba mvidye-mikulu, ne diikala ditooke.

2) Pa Buloba, ke mwaba wa bantu, nyama, bishi ne bikunyibwa byonso, ne diikala difiike;

Pa buloba apa, e kukosololaye myaba misokome isatu:

Mpata ya cisuku, Meetu, Misulu minene, Misulu mikese;

ku mutu kwa mwaba ne mwaba, kuteekaye mvidye inaayi bwa kwikala kutabaleela bulongama.

Munkaci mwa Bantu, kuteekaye nkongo isatu ya mamfumu:

bumfumu bwa Bakulu,

bumfumu bwa ba Bilobo bya mvita,badi basungidila mwoyo ku mwela,

bumfumu bwa bulongo, bwa Cyama, budi bucyunga,

bukolesha ne budiisha mwoyo.

3) Kandondo ka Buloba, mwaba wa diikala dikunze, ke uteekelaye beena cibawu bônso, bantomboji;

mwaba ewu udi kapya kateema dîba dyonso.

4) Mu Kala-Kakomba ke mwaba wa Bankambwa,

udi bibota ne makonda bibodyodyoka,

mwaba wa ditalala, mupungila beena bwakana ne dinanga.

Diikala dya mwaba ewu didi Ditookoloka.

Bwa muntu kupetululaye citupa cya ku bipeelu byende bya mbangilu, Maweeja-Nangila kumuteekela «bwadi» ne mikobololu.

Kadi eci cipeelu cidi anu bwa bantu bakese.

Bwa cibungi cya bantu, ne bwa kupingajilula mwoyo udi mu njiwu kacya dipanduluka dyenzeka

munkaci mwa Dyulu dya Katongobela ne bya panu pa buloba, Maweeja-Nangila kwenzaye cyovo cinene ne bifukibwa byonso, mu mulambo wa Mwana-buta, munyinyi wa mu mpala mwa Maweeja-Nangila;

Mulambo ewu wa Mwana-buta

ke upingajila bupole ne mwoyo munkaci mwa bifukibwa.

Bifukibwa bimana kudya munyinyi wa mu mpala mwa Maweeja-Nangila, ke *kulaalabyo tulu tukole;*

bucya dinda, Mwana-buta, Ntunga-mulongo wa bifukibwa byonso, kubiikaye ku lufu; mu dibiika dyende kubiishaye ne bifukiibwa byonso bivwa bidya munyinyi wende.

Kacya ku dîba adyo, mulambo udi njila wa bubanji ne wa mpwangeenu wa bu-muntu.

Ku bungi bwa bidimu,

mulambo wa mwana-buta wakashadila ku dilambula dya bintu, lupetu lwa kumpala lwa ku mudimu wa muntu, bimuma bya cyangi, nansha bimuna,

nansha nteta ya cyangi ya pa madimi.

Kadi bamfumu banene ba mu bantu bacidi ne bwa kufila mwanabo mwana-buta, kufwaye mu cyanda bwa ditunga dijima, bwa kukumbaja mishinga ya bukalenga bwabo.

Bwa bantu bakwabo bônso,

badi ne bwa kuvuluka ne kuleeja buobumwe ne Bakulu ne Bankambwa, pa kulongolola didya ku nkambwa: bônso basangila ku kazubu nansha ku muci wa Bakishi, bashipa nzolo nansha mbuji, bakula myaku, peshisha babanyangana cidibwa, cidibu babwija ne Bankambwa biine.

Maweeja-Nangila e kwela kabidi ne mikenji minene bwa Bukwa-bantu bônso kuyi neeme-kabo:

- Kushipi nansha kutapi muntu

- Kwangaci cintu cya bende,

- Kwangaci mukaji nansha mwana wa mukwenu,

- Kulowi muntu wa bende

- Mukaji kendi masandi

Yonso walonda mikenji eyi,

kunyima kwa lufu lwa panu, neapetulula mwoyo,

aya kupetangana ne Bankambwa mu Kala-Kakomba, mu bibota ne makonda.

Dilonda mikenji eyi, didi dilama muntu panu ku njiwu yidi mvidye mibi yitungunuja mu buloba,

ku bukookeshi bwa Kavidyevidye udi mu andondo-nkidi.

Dîba nedivwa dyapatulabo bantu mu ndongamu ewu wa difwa ne difuululuka, bwa bapingana ku civwabo ku ntwadijilu; dîba adyo ke diikale ndekeelu wa byonso.

4.
Twamba cinyi mu cikoso?

a) Didialula dia MuFuki

Twambe nansha malu manene anayi adi mwa kutufikisha ku ntaku ya onso atudi nao mu cyalu:

Padi Mufuki udyalula mbangabanga[8], udi ulwa Mvidi Mukulu Mawesha Nangila.

Padiye udyalula kabidi, udi ulwa Mvidi Mukulu wa Cyame ne Cyame wa Mvidi Mukulu.

Mufuki pamwe ne Mvidi Mukulu wa Cyame ne Cyame wa Mvidi Mukulu padibo badyalula ekulwa Mulopo Mvidi Mukulu.

Mawesha Nangila ke ufukile bintu byonso. Eyowa, bintu byonso bya Mvidye Mufuki wa bya lelu ne bya makelela, mutupi wa bibishi ne byosha, mufidi wa moyo kudi bifukibwa bya kale ne bicivwavwa. Mwana wa mu musoko wa Memphis mmulepesha lungenyi lwende pa

---

[8] Cikoso cya disokola didi mu mukanda wa FOURCHE T. & MORLIGHEM H., Une bible noire (Cosmogonie bantu), mpatukilu 2 mu «Les deux Océans», Paris, 2002, dib. 49-137; myaku yidi yilonda eyi yidi cikoselu cyandamuna mu ciluba, cya bidi bisanganyibwa mu mukanda mwine awu.

bwalu ebu. Ke citwamba mu citupa cya ndekelu cya mifundu yetu.

Mabika Kalanda mwanyina byende cilumbu cya difuka kudi Mawesha Nangila.[9]

Bitu bilenga patu Bena Cyakanyi bambulula bwalu ebu pa kwimba musambu udi uvulwisha ngenyi mitwe ya difuka:

Bakole bambile ne
Ke nwenu baashaadi abo
Nushaala kusokolola peenu,
Nusokolola mamanya aa a Bankambwa
Bwa nutancisha mudibu (2)[10].

- Tshintu tshônso, bwalu bônso, muntu ônso, bidi ne ntwadijilu waabyo.
- Ngalwilu ne ngenzelu waabi byônso, mMaweeja-Nangila.
- Maweeja-Nangila udyalwile, kufuka bamvidye ne byambangilu.
- Ku makole ende asatu a mbiikiji ngôwo aa: mufunkunu, diyi ne mupuuya, wakafuka bikwabo byônso pa buloba.
- Binaayi binene, ndyenza, dilela, dilama ne milandu ...

[9] MABIKA Kalanda, *La Révélation du Tiakanyi*, dib. 69-70.
[10]

Muluba yonso musanga ntete udi umvwa buneme bwa mwanda wa difuka pa kubala lusumwinu lwa *Mba mba mba mba mbambale* ne kulungulusha ne ciluba cya Mabika Kalanda.

b) Mvidi Mukulu mMufuki wa bidiku ne bicivwavwa

«Mwitu kamwibi twela kamwibi mbaya, kadi ncinyi cyakasonga mingonga?
Se Zambi wakafuka nyisu ne nyoko.»

Diyi edi didi divulwisha mudi Mvidi Mukulu mwikala Musangana mwenabyo ne Musangana mwenapo:

"Bambambamba mbambale
Bintu byonso mbya Mvidye
Mvidye wa kuulu wafuka
Wafuka mwanende mwanabuta,
kaladi pa myongo ya nsona,
myongo ya nsona kayimutwe.
Wafukila byonso mwinshi'a kabwe
Kabwe konso kafuba.
Bambambamba mbambale."

Bu kabuyi bwa Mvidi Mukulu, bintu kabyakadi mwa kwikalapo ne bantu kabakadi mwa kwikalapo. Nansha ba mvidye nansha ba dyabolo kabakadi mwa kwikalapu.

Ku lunga luseka, malu a Mvidi Mukulu adi

atulongesha kabidi cinyi? Mawesha udi kabidi Mudifuke ("Kantangantanga" bu mudibo bamutesha kudi Bakete ku Kasaï) anyi "Mutanga Nzambi" (mu cibindi ku Kasaï). Ba Zulu ba ku Afrika wa ku manda bamubila byabo mushindu eu: *Unkulu-nkulu*.

Tumanye kabidi ne Mvidi Mukulu udi mufuki wa bintu bidi kabiyi byashi kumweneka ne mesu. Bwalu ebu mbunene. Mufuki kena amu upatula mwaku wende bwa bintu bikalapu. Kena amu Mufuki wa bitudi tumona. Udi kabidi Mufuki wa bitena kumona ne wa bicilwalwa. Binkalabwe kimbifika ku dilepesha lungenyi mushindu eu to.

Bikale ebi bilesha bunene bwa malu a Mvidi Mukulu, netwambe cinyi padibo bamba ne Mikombo wa Kalewo udi ne cya kwikala ne mwaba mu bimwe bitendelelu? Twashi kumvwa lusumwinu lwa Mikombo wa Kalewo bangabanga ne twetu kwandamuna ku lukonko elu.

5.
Lusumwinu lwa Mikombo wa Kalewo nkayende mudifuke

a) Lusumwinu-Dinaya-ne-Musambu

"Mu musoko kampanda muvwa mwan'a nshiya wa bakaji dîna ne: Kalewo. Baledi bende bônso babidi bakavwa bafwe. Uvwa mushala ne Tatwende mukaji; yeye ewu uvwa mumukolesha bilenga, mumutungunuja bwa ikale mwana wa kanemu ne mankenda, mwenji wa mudimu, mwana mumanya kudilama.

Dimwe dituku, Tatwenda mukaji kumusangana ku mfundu kwa nzubu, mwikala udyakwila. Yeye kumwebejaye ne: uudi wakula nende nanku nganyi? Kalewu kumwandamuna ne: «ndi nyukila ne mutunda wawa». Mu dyala dya nzubu awu muvwa cilundu: cidimu cyonso civwa ciya nswa; nanku pamwe apa bavwa mwa kucisangana cimeta ciya ne muulu; dikwabo edi, cishala anu mwaci mwa kala. Kalewo uvwa kabidi ne ciibilu cya kudyanza kumona maalu mu ndota. Mukwabo musangu, uvwa mwawila Tatwenda mukaji mutu wa nyoka: uvwa mumona ku tulu nyoka ubwela mu nzubu mwa mansebenda. Abidi mmaala, asatu mmipi, kumvwabo anu ne baaledi mwana wa baluma ku nzubu kwa mansebenda awu.

Nansha muvwaye mwena ndota, Kalewo uvwa mwena cisumi ku mudimu, mwana mumanya kusomba ne bantu, kayi ne ditama ne muntu. Pavwa baana nende banaya mu ngondo, uvwa pende ubalamata; nansha ku dilukangana nsuki, uvwa penda muya cisongu. Uvwa wambulwisha Tatwenda mukaji bikole ku midimu ya mu nzubu: pakumbajileyi bidimu dikumi, uvwa usuna mâyi, ulamba bya kudya, ukomba mu nzubu, wipila bya pa madimi. Ku ndota yenda mivule, kudi ndota umwe uvwa mupapisha Tatwende-mukaji. Kalewo uvwa mulota mamwenda mumuledi muvwa kumumona, umusekesha, ufukisha mimwemwe, mumutwadile ciseba cya nkashama civunga bu cilamba. Ciseba cya nkashama se ncimanyinu cisombelabo bavwala kudi Bamfumu. Tatwenda mukaji kumwandamuna ne: Kalewo wanyi, udi wela meji ne ku Bajangi kudiye aku, mamweba mmupeta bumfumu anyi? Peshi wewa mwina udi ujinga bwa kudya bumfumu mu ditunga? Wamanya ne mu cyetu cisamba, twetu bakaji katutu twasomba mu nkwasa ya makalenga to, bwalu tukaadi ne bwetu bumfumu bwa ku cifukilu, bunene bupita mamfumu onso: twetu bakaji ke badi bambule bakalenga pambidi peetu, ke badi basomba pa bizaba bya makalenga.

Bwalu kushadilabo paabo anu apu. Bidimu kupita. Kalewo kukola, kwasa cyadi, kusenena. Bakavwa batwadija kumwela diyi dya kumusela; kadi Tatwenda mukaji uvwa wandamuna ne: to, ucidi mwana, anji kukola. Nansha muvwa nsongaluma imutuucila museesu, Kalewo kavwa ne ciibidilu cya kunaya ne baana ba baluma to. Kadi, dimwe dituku, Kalewo kumvwa anu mata amungwila mukana, ukeba amu mwa kutwila. Eku, mabela enda adyunda, difu dyenda dibanda. Tatwenda mukaji tukutukuu mbuu: «Kalewo piteeku tumona»; babwela nende mu nzubu, e kumuvulaye bilamba, bwa kukenketa mubidi wenda; kumonaye dyakamwa ne Kalewo uvwa mwimita difu.

Tatwenda mukaji kwasa kasala ka mwadi: Kalewo wanyi ciwatwenzedi nenku ncinyi? Wampendeshi mpindyewu kudi bakaji nanyi; wamfwishi bundu nenku bwa cinyi? Ngambila, difu ndya kudi nganyi? Kalewo ushikunkila pende ne mwadi, e kwambila Tatwenda-mukaji ne «Tatu-mukaji wanyi, cyenaku mema mumanya bwalu to, ndi anu *mundi emu; kadi edi difu ndya kwepi?». Awu pende kushala mufwe nayi, wamba ne: «edi difu ne ndya ku bantu, ne ndya ku bajangi, kwikala mpanga aku, nekudilapula».*

Ngondo kupita, difu dyenda dikola, bantu beena mu musoko batwadija kuseka Tatwenda mukaji wa Kalewo: «yeye uvwa udipa mêna ne mmukoleshi mulenga, tumona paadilaye mbuji wa nyima; washadi ne bundu mesu tente». Banyanende wa Kalewo kutwadija kumwepela, kabaciyi kabidi bamutancila to. Kalewo kushala anu ne mwoyo mukole, nansha muvwa dibungama dyamba kuya nende. Uvwa udyela anu nsanzu: «meme anu ngikala mumanya muluma; kadi pangikala ciyi mwanji kwidikijaku awu manaya, badi banseka bônso aba, fuka-fuka wabo, bola-bola wabo». Nsanzu eyi, uvwa uyeela ne mici ya mwitu, ne nyama ya cisuku ne ya mu mbanza, ne bishi bilandadi... Bakaji ba mu musoko amu kabacivwa kabidi baswa ne baana babo baya kusomba ne Kalewo to; bavwa beepela ne Kalewo kavu kubapisha biibidilu bibi.

Dimwe dituku, Kalewu muya kusuna mâyi, difu dikwata eku, bu mukundulu, e kusanganaye ku mpokolo aku baana nende ba bakaji batwa ku banaayi. Bakaavwa basuna mâyi mu milondo, kadi biikale banaya dyepu.

Abu beela mesu bamona Kalewo, e kusumpakanabo bwa kumushiya nkayenda mwitu, kubanda pa mbelu lubilu. Ke kwelabo: «kaditanta kaadyambika». Bu mu mupodi wa disu, bônso banaayi kudyambika mulondo, e kubanda pambelu. Kalewo kushala mwitu amu, wengeja mesu, kamonu wa kumwambika mulondo wa mâyi, ne difu dikaavwa dimutekesha bikole.

Katupa ne ndepa, kumvwaye bu muntu utapa muci ne mwela; katupa kumvwaye muci ukuluka. Ke kwelaye diyi ne: «nganyi wetu udi utapa muci awu, pamwapa wavwaku kungambulwisha, ndi mupangila apa ciyi mushindu». Kalewo utupula mesu, e kumona Ciluma-cikulu (cikulukuuku) cyenda cipanya masela, cipweka citangila kudiye. Bowa ne luzakalu kumukwata. «Tatu wanyi, ngambikaku dibungu dya mâyi edi, ndi mushikile ne difu dindi nadyo, ne ndya mwana, ne ndya cinyi?». Ke Ciluma-cikulu kukenya ku meenu cyamba ne: «ndi nkwambika, kadi umpesha peeba mwana udi munda mweba amu, dîba diwalela; wewa kuyi mwitaba, ndi nkusaya apa ne mwela ewu, nkwela pa lukosu». Ne bowa buvwaye nabo, Kalewo kwitabaye civwa Ciluma-cikulu cilomba. Ciluma-cikulu kumwambika mulondo pa mutu, Kalewo kubandaye pambelu wenda uzakala.

Pambi ngondo kutwa ku cibanda, Kalewo kulelaye: mwana uvwaye muupule uvwa wa cidika, muntu mulelela, kadi wa pa bwenda; mwana upatuka, mukwata difuma ku cyanza, ngabu ku cikwabo cyanza, lusala lwa nyunyi wa nkusu lwasa pa mutu; cibingu e kwakula oooo ditunga dijima. Mwana wa Kalewo uvwa ukola ku meeba ku meeba. Dituku dimwa ukaavwa ukwata ku bintu wimana. Pambibu kucya, mutwadija lwendu. Pavwaye wenda ukola apu, lusala lwa nyunyi wa nkusu, difuma ne ngabu byenda bidyunda pabyo. Bakeba kumupesha dîna dya mu diiku, mwana ubenga wamba ne: «dyanyi dîna mMikombo wa Kalewo nkayenda mudifuka».

Abidi mmala, asatu mmipi, mwana kutwadija kunaya ne baana nende, unaya nabo mbenga, uja naabo maja, wimba ngoma, utuma misambo... Kalewo kushala ukacila mwanda, kamonu cya kwamba. Dimwe dituku, kumvwaye mwoyo umupandika munda bwaa! Kuvulukaye dyakamwa civwa cimwenzekela ku mpokolo wa mâyi. Kwelaye meji ku dilaya divwaye mulaye Ciluma-cikulu. E kutwadijaye kudyela meji: Ciluma-cikulu eci cikaadi pa kufika mwaba ewu bwa kulomba mwananyi ewu; nengenza cinyi? cyena mwa kufila mwananyi wa cibola ewu bwa baya kumudya to; bushuwa mvwa mulaya bwalu ebu, kadi se mbwa bowa bumvwa nabo; kabivwa diswa ne dijinga dyanyi dilelela to».

Kalewo kubiikila mwanenda e kumulondela bwalu abu. E kumwambilaye ne: «wamanya mwananyi, pandi mema mamweba ciyi mukufila, mukupangila, kakwena udi mwa kukupeta to; kadi wadimuka bwa kudilama; wikala ne diyi dimpe mu bantu; baakufinga bantu, kabakufingi nsona; shala mulwidi wa bônso, mucyungi wa mici ne nyama, wa buloba ne bîshishi, nanku bifukibwa byônso nebikukosela muci; udi mumanye ne weba tatweba se mbuloba bujima ebu; nanku ikala mukubi wa bifukibwa byônso». Mikombo kwandamunaye ne: «eyowa Mamu, byônso abi ndi mubimanye, kundi mufuma se ke ku mfuki wa bukwa-panu; lupandu lwa bukwa-panu ke lundi muvwile; shala ne ditalala».

Mikombo uvwa wendakana anu ne bisumbu bya baana. Dimanya dyende divwa diya cisongo; kadi kavwa udiswa, udyela lupeepela to. Bônso bavwa bamutancila bavwa ne disanka dinene, bapeta kabidi ngenyi mijalama ne mibuululuke pa maalu a bungi; bônso bavwa basomba ne Mikombo bavwa bashala bantu ba nsombelu mwinenke, ba mwoyo mulenga.

Dimwe edi, ke Ciluma-cikulu eci pwaa, mu ciibi cya Kalewo: « ukaadi mulela, mwana ukaadi mukole, kuyi mwa kunkeba bwa kukumbaja bituvwa balayangana! wamonyi muudi muntu mwena dishima's? » Kalewo ne: « mwana udi munkaci mwa baana nende, wenda unaya; wewa mumukeba neumumona, udi ne lusala lukunze pamutu; indaku neumumona, ukeba peeba mayela bwa kumupeta ». Ke Ciluma-cikulu kumata mu njila citangila kuvwa baana banaya mu musoko, cyenda cikeba.

Mu ngenzelu yende ne nsombelu, Mikombo kavwa ulaminyina bilenga bivwaye nabyo amu bwenda yeya to; uvwa wabwija baana nende bônso. Mwana kampanda uvwa mumulomba bwa kwasa pende nsala mukunze mu mutu; ke Mikombo kutuula lusala kumupeesha; kadi dîba adyo lusala lukwabo kutoloke dyakamwa mu nsuki ya Mikombo. Mwana mwibidi kuswa pende kupeta lusala; Mikombo kwenza bya momumwe; ke nsala kuvulanganaye pa mitu ya baana bônso. Ciluma-cikulu cifika mu cyalu cya baana, kutangila e kumona bônso biikala amu ne nsala mikunze mu mutu. Kupangaye wakwebeja bwalu e kupingana kwenda.

Dikwabo dituku, Ciluma-cikulu kupinganyina

kabidi Kalewo bwa kumusuuya, ulomba Mikombo; bwa kumudingakaja, Kalewo kumwambila ne «ndi mmubikila, mmutuma bwa kuntudila njilu; nanku wewa uya kusokomena ku masanji a njilu aku, numonangana nende». Kalewo kubiikilaye Mikombo «mwananyi nshima nyeye pa kapya; kadi bwa bisekiseki ki bidi bikola; tulaku njila mikesa ku dyala aku, tuvwa kudya nayo nshima». Mikombo kwangata difuma dyende e kukwata ku cyanza, cikwabo cyanza cyambula lubenji bwa kwelamu njilu. Ufiika pabwipi ne disanji dya njilu, ke kwambaye ne: «cyena mumanya bidi mwa kwikala bibutamina mu njilu dîba edi, ne nyoka, ne ntuminyiminyi; ke kwanjiye kwela difuma mu mabeji a njilu. Ciluma-cikulu cimona nanku ke kukatamunacyo lubilu cyenda cishiya meyi: «eyi bantapi, eyi bantapi»...!

Ciluma-cikulu civwamu cisuminyinu bwalu bwacyo abu; ke kupinganacyo kabidi kudi Kalewo cyamba ne: «udi mumanya bimpe ne dilaya ndibanza; kwena mukaji wa malu mimpa to; wewa mundaya nyinyi wanyi wa meme kudya, mpindyewu bwa kumumpetesha, njila e kunkwata mu nshingu, nkadi ntwa mpingana, ntwa mpingana?». Ke Kalewo kumujikwila civwa pa mwoyo wende:

«Ciluma-cikulu wetu, vuluka mumvwa mupungila, mwikala kabidi ne bowa dîba dine adyo, pamvwa nkulaya civwa munda mwanyi; kadi civwa meme mwine mumanya cimvwa nacyo to; paamwenekicyo, meme kujaadika ne kacivwa mwana bu baana bônso to; kavwa ne tatwenda to; wenda tatu uvwa dyulu ne buloba, bantu, nyama, meetu ne bisosa, mâyi ne lupeepela. Mmunyi mundi mwa kukupesha cintu cidi kaciyi ku bukookeshi bwanyi? Nanku umfwile meme luse, udikebela wewa mwine; se ukaadi mu mone mumujaadika kabidi; kuvu kuntacisha kabidi to ».

Ciluma-cikulu kumvwacyo ne Kalewo ke na mwa kucyambulwisha to. E kutwadijacyo cyocyo nkayacyo didikebela. Kwikalacyo citentekela ngendu ne midimu ya Mikombo. Dimwe dituku kumonacyo Mikombo ubanda kuulu ku dibwa bwa kutapa ngaji. Uvwa mushiya difuma dyenda panshi. Yeye mumane kubanda, ke Ciluma-cikulu kuvvwacyo kwinshi kwa dibwa cyamba ne: «leelu, ndundu watu ku dîba, nkusu byapecyanganyi ne cyala; kwena ne kwa kuya kabidi to, ngakukwaci». Ke Mikombo kucya-mbila ne: «eyowa, leelu ngadifidi mu byanza byeba; kadi wamanya, ba nsongaluma nanyi badi pabwipi apa; mvita yidi mwa kukutumuka minene, boobu bamona wewa uya nanyi; angata cibombu cidi panshi acyo, ucyunzulula, ndi nkulukilamu; kadi ubwikila ku mesu bwalu udi mwa kuvwa kupapa mushindu ungikala mudyalula pa kukuluka; uvunga wewa amu cibombu dyakamwa wasa lubilu mutangila kweba; dîba adyo kabakumona cintu kudi balunda banyi baaba to, netwepela mvita».

Wamba utuula, Ciluma-cikulu kushikula mutu dyakamwe e kubuulula cibombu. Mikombo kukulula amu cishi cya ngaji mucitangija mu cibombu, kadi kushala yeye musokomena mu malala ne mu misekeleka yivwa ku lukwabo luseka lwa dibwa. Ciluma-cikulu kuvunga amu cibombu, kwasa lubilu citangila kwitu cyenda cikedyedya. Cifika, e kuteemesha amu kapya, kwela cibombu mu kapya, e kuya cyenda cibila banyanacyo bwa kuvwa kudya nshima ya manyi. Abu bafika, benda badilaka ku mishiku, kumvwabo anu bintu bitudika mu kadilu; boobo ne «awu mesu kwatudikiwu nanku adi bungi munyi, adi atudika amu kutudika, kacya twafika apa?» Batangidila pabwipi, kumona amu ngaji eyi yitudika mu kapya. Batangila kuvwa ciluma-cikolu e kucyamba ne: «Tatu, wewa kutubiikila bwa kutulembakaja, kutuoshela ngaji; kadi imana tudi tukuleeja mudimu mpindyewu». Acyo cimona nanku, ke kwasacyo lwa manza abidi. Banyanacyo ne twetu katushadidi; kutwadijabo kwipatangana ne Ciluma-cikulu; e kubapitacyo lubilu, kuya citangila ku matunga makwabo, kuyacyo bu muyile Mbala ku Basonga.

Kutwadija ku dîba adyo, Mikombo ne bakwenda kushalabo ku macyo talalaa.

Mikombo uvwa mumanye midimu yabungi: bulembi, bu-cidima, bu-nsenda, dyasa dya nzubu, bu-songi ne bu-zodi bwa bintu. Mikombo uvwa mwambulwishi wa beena dikenga, mufidi wa mibelu kudi bônso bavwa bakeba mwa kupita ne maalu a bukwa-panu. Ke muvwa lumu lwenda lutampakana myaba yonso, ku kakese ku kakese. Mikombo uvwa mwakudi wa dilambu, mwedi wa nsumwinu wa kalanda-musenga. Nansha muvwabo bamujaadika mu bukalenga kudi musoko mujima, kavwa muuminyina ku nkwasa to; uvwa wenza midimu, usanguluja bantu ne maja ne ngoma ne misambo. Pavwa Mikombo udikwacila ngoma, muntu nansha bamwamba yeya mulema uvwa ujuuka kuulu; nansha nyama, nansha bîshishi, nansha mici ne bisosa bivwa binyungakana pavwa Mikombo utuuta ngoma.

Dimwe dituku, Mfumu kampanda wa musoko

wa kule, kumvwaye lumu alu. Ke lubaabu kumukwata, e kuswaye kujimija Mikombo. Kumubiikidishaye kwenda ushima ne mbwa kumusekelela. Njila wa kuya kwa Mfumu awu uvwa mule, mwikala kabidi ne ntatu mivule. Mikombo kusangishaye beena dyenda bavwaye wenda naabo: bantu, nyama ne bîshishi; kumataye naabo mu njila.

Boobo bamana kwenda bu dituku dijima, bafika pa mwaba kampanda, e kusanganabo njila mukanga kudi mici yivwa myupuka ne cipeepela. Ke Mikombo kutumaye diyi wamba ne: «nzevu udi penyi?» Nzevu kuvwa kwitaba. Ke kumwambilaye: «leja mweba muusombela». Ke nzevu kupita kumpala e kumbusha mici yonso ayi, njila kushala mubuululuke; bantu kupita. Benda mutanci, kusanganabo pa mwaba mukwabo malenga maswikakane njila mujima, kakuyi paa kupicila. Ke Mikombo kutumaye diyi kudi Nsenji cidya-malenga. Ke nsenji kumonangana ne malenga; pambi dîba dimwe kupita, malenga bu maya muulu, bu maya panshi, njila yonso mushala amu ze ze ze, bantu kupitabo. Batungunuka ne lwendu, kusanganabo umwe mwaba, mikuna mitumbuka, kakuyi mushindu wa kupita. Mikombo kutumaye diyi kudi nyama wa njibu. Njibu kutwadijaye kwimba bwina, kutubula mukuna ne dya mwamwa. Mukalenga Mikombo kubwelaye mu bwina ne musumba wenda mujima, kupatukilabo dya mwamwa, e kutungunukabo ne lwendu. E kufikabo pa mwaba kampanda uvwa musulu munene, ne ngandu munda tente. Mikombo kutuminaye Ntanda diiyi, bwa aluka mantanda pa mutu pa mâyi. Ntanda kuditeeka ku mudimu, pamwe ne beena dyenda; pambi dîba kubwela, bukondo bujika. Mukalenga Mikombo kusabukaye, ne musumba wenda mujima.

Dishiya dya mâyi, ke kukutulabo musambo, batumbisha Mfumw'abo bamba ne: Mikomb'wa Kalewo nkayenda mudifuka, Mikomb'wa Kalewo ne mafuma ne ngabu, Mikomb'wa Kalewo ne myela mijingila Bafika mu munga musoko, kulaalabo. Mfumu wa musoko awu uvwa pende ne lubaabu bwa maalu onso avwaye umvwa a dikema. Ke kulombaye Mikombo bwa amwa-mbulwisha ku bwalu buvwabo bônso bapangila mu musoko amu. Kuvwa dibwa kampande dile ditamba, diikale ne ngaji ya mwenya wa pa bwawo. Kakuvwa muntu nansha umwe mufika ku dibanda kulu kwa dibwa adyo to. Mfumu kulombaye Mikombo ne udi mwa kubanda. Mikombo kwanyisha. Kadi Mfumu awu uvwa ne mayela mu dilomba dyende, muswa bwa kushipeya Mikombo. Awu penda mudyanza kujingulula mayela awu, ke kumwambilaye ne: «ndamina nsapu wanyi ewu, umupindakaja bu ngovi'a mwana mu cyadi cyeba». Awu kwitaba. Pakaadi Mikombo mudisema kuulu, mufika mu katongobela ka dibwa, ke Mfumu kutwadija kwela cikemu ne: «dibwa wetu lunguluka»; ke dibwa kutwadija kuleepa, dyenda dinyingalala pankaci. Mikombo umona nanku, ke kwela penda cyenda cikemu ne: «kasapu wetu nyingalala»; ke mukaba wa nsapu wende uvwabo beela kudi Mfumu wa musoko awu kutwadija kunyingalala, ukeba kumuboza cyadi. Mfumu kutwadija kwela mbila, lufu apa, mwoyo apa; kujingululaye mayela makole a Mikombo e kukudimunaye cikemu cyenda wamba ne: «dibwa wetu pwekelela»; dibwa kutwadija kupingana mwadyo mwa kala. Mikombo e kutuuluka kuulu, kwangata kasapu kenda, e kutungununabo ne lwendu; nyama, biishi, bantu byenda bimba bimusaamuna.

Kufikabo ne kwa Mfumu uvwa mumubiikile. Anu bacifikilaku, Mfumu awu kutwadija naabo ne diteeta dikole. Kudyalulaye mu cimfwanyi cya mwana mutekete, e kuya kusomba munkaci mwa baana. Uvwa ujinga se Mikombo kamumanyi to, adyanza kwela bakwabo bantu mwoyo, bwa yeye amuleeja se udi ne majimbu mapita enda, amucingisha. Kadi Mikombo umona amu muvwa bantu basomba, kamonu nkwasa wa Mfumu, yeye kubiikila Tujiji tuvwaye naatu, kututuma kumpala bwa tununkila tumvwa mwaba uvwa biseba bya nkashama ne bilaabu bya bumfumu binunka. Ke njiji kuyayo lubilu; dyakamwe kumvwayo mupuya e kwalukila kudi Mikombo kumunu-ngeeja ku dicyo mwaba uvwa Mfumu awu mubutameena. Mikombo kuyaye dyakamwa mwaba awu, e kwela «mwana» uvwa mwaba awu mwoyo. Cibingu kudila ooo, bantu kukema.

Mikombo kulaalaye ne bantu bende. Bucya, Mfumu awu uvwa mulongolole byakudya bipite bungi, mubiteekesha nseka ibidi: ku luseka lwa kumpala kuvwa byakudya bya pa ciibidilu, nshima ne tu-mayela, ne cilungalunga; ku luseka lukwabo uvwa muteekesha bya kudya bya lumu ne bya manyi: nyinyi ya nzolu, mbuji, nsenji ne nyinyi ya cisuku, kadi mwikale mweleshamu mulungu. Ke Mikombo kudyanza kutuma mbulubulu bwa kwanji kuteeta bidibwa abyo; mbulubulu kumvwaye dyakamwa mwaba uvwa mulungu e kuleejayo Mikombo muvwa buteyi abu. Mikombo ubwela ne bantu bende, kubengaye nshima ya manyi, e kudyabo amu bisekiseki ne bilunga nsenga. Mfumu wa musoko awu kukema bikole, e kukacila muvwa lungenyi lwa Mikombo lutwa.

Dituku dipita, ke Mfumu awu kujuula Mikombo ne bantu bende bwa se abendesha mu misoko yenda ya ku mpenga. Bafika mu musoko kampanda kubaakidilabo bilenga. Dîba dya kulaala, kuleejabo Mikombo wenda nzubu wa pa bwenda. Musumba uvwa Mikombo mwenda nawo kuulejabo wabo nzubu pa bule. Kadi mwaba awu uvwa mayela avwabo benza, buteyi bumana kulongolola bwa kuoshela Mikombo mu nzubu. Mumana kubajingulula, ke Mikombo kubengaye bulongolodi bwabo abu, e kubambila ne, pandi mu lwendu, ndi ndala amu nzubu umwe ne beena dyanyi bônso. Ke kuyaye kudisanga ne beena dyenda. Munda-nkulu mwa bufuku, kumvwaye amu bantu bungwija nkunyi minyungulwila nzubu mijika ne ku cibwelelu. Ke Mikombo kujuula njibu, kumuleejaye civwaye ne bwa kwenza. Njibu kuditeeka mu dyumbula bwina, bakwabo bônso batuta maloba baungwija mu matumba a nzubu. Pambi bitaala kusama, bwina butubuluka ne mu ditu divwa pabwipi. Ke bantu ba musoko awu kwela kapya ku nkunyi yivwabo bungwija bufuku minyungulwila nzubu uvwa benyi balaala. Kutwadijabo kuseka lunkenyi bamba ne: «leelu nwadimuku, leejaayi kabidi majimbu enu; mafi anucyudi leelu». Dîba adyo ke Mikombo kutuminaye bantu bende diyi, kubwelabo mu bwina kuya kupatukila mu diitu.

Bafika dya mwamwa dya diitu, kutungunukabo ne lwendu lwabo batangila kwabo, benda bimba misambo, ngoma ne byondo byenda bifwa. Beena musoko bavwa bindile ne kapya kajima bwa kuvwa kutangila muvwa beena Mikombo bandamuka makala, mbumvwamu meyi a misambo, ngoma ne byondo bisaba, benda baya batangila kwabo.

Bidimu kupita, Mikombo uvwamu muditwa ne beena dyende mu dyambulwisha bantu, mu dilongesha ne ditu-ngunuja bantu mu mwoyo. Dimwe dituku, ke cyondo cinene kumvwikacyo, cifumine kule kule, kudi kakuyi bule bwa bantu, cyondo cya kwa Maweeja-Nangila, Mfumu wa Bamfumu, Mâyi mfuk'y a Mukele, ubiikila Mikombo. Ke Mikombo kulaya beena dyenda, kubapeeshaye mibelu ya ndekeelu, ya mudi kufwa ne kuya mwoyo, ya mudi disomba dijaalama panu pa buloba, mu boobumwe ne beena Kulu. Mikombo kumataye mu njila, ulonda kuvwa mwadi wa cyondo ufumina. Njila awu uvwa mutangila ku kala kakomba, ku musoko wa Bankambwa, wa mabota ne mbotankonde *bituule bipuwa, mwaba udi mwoyo mwikale anu usampila. Beena dyenda kushalabo anu bimba, bimbulula, bamba ne:*

Mikomb'wa Kalewo nkayenda mudifuka....

Mikomb'wa Kalewo ne mafuma ne ngabu .....

Mikomb'wa Kalewo ne myela mijingila ...[11]

b) Lusumwinu ke mMalu-a-Mawesha to

Mikombo wa Kalewo udi ne mwaba kayi mu malu a Mawesha? Se uyile kuvwa mwadi wa cyondo ufumina ku kala kakomba ka Mawesha. Ke mudi bamwe bamba.

Kadi patudi tukonka bakulumpe ba musoko, badi batuvulwisha bitudi bumvwe ku kala: nansha lusumwinu elu lwikale ne malongesha munda kabukabu bu nsumwinu mikwabo itudi bamanya ku Baluba, bwalu bwa Mikombo wa Kalewo kabutu munda mwa malu a Mvidi Mukulu a bikuma mu misoko ya Baluba to. Butu mu nshila umwe ne myanu, ne misambo anyi manaya. Mikombo wa Kalewo mmudia-mvita wa mu mianu, wa cisumbu cimwe ne CiLuma-CiKashi, citu ne bushitu cipita Mikombu.

---

[11] KABASELE LUMBALA, *Ndi Muluba*, dib. 141-153; bala kabidi Kadima Kadiangandu, Mikombu wa Kalewu Nkayenda Mudidifuke, Paris, Giraf, 1999.

Mufuta Kabemba udi ne wende mushindu wa kusopwesha bafike pa mwanda eu wa Mikombo wa Kalewo:

"Kùdi kàbìdì lungènyì lwà kuswa kulonda lupòndà lwà bakwàbò pamutù pàà kulonda lwà bankambwà bèètù bwà twêtu kufika buludì ku buumùntù bwètù. Ke mùdì bakwàbò bakwàta ku Yeezù waa beena Loomà bwà kabàjìmiji lupàndù lwàbò. Ke mùdìbu baswè kupingaja Mikombo pa Yeezù waa kuneemekela bitàmbe. Edi dìdi diswìkiibwa ku myonjì dinène. Kîmbwalu nè eu ùdi wènza nènku, même `mmulôndà mu ngeenzelu yèndè to. Àpu kwikalayò mu dipanga? 'Dyâtà panàdyâtà . Enzà munènzênzà', ke mùvwà baamanyààmààlù kwètù bàmba. Ke bwà kulonda lupòndà lwàbò.Baankambwà bèètù, mu ntèèndeleelu yààbò kamùvwa Mikombo aa Kalèo udi bakwàbò bàswa kubwejamù au to. Aci cìdi diidikija beena Nzambi yàà bààkûnga. Mu mitèndù yàà bèètù bankambwà mùvwa àmu Bankambwà biinè nè Mvìdi Mukùlù MAWEEJA".

6.
Mvidi Mukulu: Mufuki ne Sha-mBangilu

Bilolo Mubabinge udi umwe wa ku badi bashinda mukanda wa cikam ne lwendu lwa bena *kemet*. Imwe ya ku mikanda yende pa mianda eyi idi ku ndekelu wa mukanda ewu. Miyuki ne makebulula etu nende byakunfikisha ku dishadika maalu aa:

a) patudi tubala mifundu ya bena musoko wa Memphis ne bena dya Akhénaton, tudi mwa kwamba ne: «Ntu» udi Mufuki wa cidiko cyonso ne cidi kaciyi cyanshi kwikalaku. Mmufuke ku bukole bwa Lungenyi ne bwa Mwaku, bwa Dina. Cyambilu cya ne Mawesha wakamba ne: "Bi-Ntu bikalaku ne bintu kubanga dikalaku", ncyangacila ku malongesha a mu Memphis a ku babidimu 3000 kumpala kwa diledibwa dya Yezu.

b) «Sha Ntu» ke udi ufikisha ku dyela meshi a Mufuki anyi Katena. «Ntu» udi Mufuki anyi dyalu dya Shandi. Ebi ke bidibo batulongesha mu cimenga cya Thèbes kukadi bidimu 2000 kumpala kwa bena Yezu kabayi bashi kumweneka mu bula. Kadi mmunyi mudibo batushima kudi binkalabwa ne bwena Yuda ne bwena Yezu mbudi bumanyisha bisamba mbudi ku mbangilu wa ntendelelu wa Mufuki wa byonso ne bicivwavwa?

c) Mu cikam, «Sha» ngudi mbangilu mushima menemene wa malu ne bintu byonso.

d) Ku lunga luseka, nansha Mufuki mwikaleku, kadi cidi kumpala kwa difuka se nlungenyi lwende lwa Mufuki. Mwaku wende anyi lupepe lwende bidi kumpala kwa difuka dya yeye Mufuki udi udifuka bwa kwenza mudimu wende wa difuka.

e) Mufuki eu udi kabidi Katena diina. Kakwena mvidye mukwabo mulwe kumpala kwende to. Udi Mudyanshile ne Mulwe kale. Katena diina katu ne wandi nshandi ne wandi nyinandi. Kakutu kamvidye kadi kamanya cidiye mwikale menemene. Kakutu muntu udi mushadike cituyi mwikale menemene. Bunene ne buneme bwende bipangisha mwa kubilonda. Ke padi bantu batubakane balwe kwamba ne mmufuke, kadi kudi kamwe kamushale: «Mvidi Mukulu wa Cimpanga, wafuka manyongololo wafuka ntande, kadi kantu kamwe kumushala». Byonso mbwa kulesha ne kakwena udi mwa kumanya cidiye menemene to. Bwalu yeye Nkashama wa dyende diitu. Udi Kapumbu wa mibanga, kimanyi mu nshila bana ne bakashi bamunyema mbilu.

f) Bena musoko wa Thèbes batu bashindike kabidi ne: kumpala kwa cintu nansha cimwe kaciyi cyashi kumweneka, Sha-Ntu uvwa ukadiku: se Musangana mwenapo ne Musangana mwenabyo! Kena wa kuteka mulongo umwe ne cifukibwa nansha cimwe! Udi Mukulu ku lungenyi, yeye wakasonga ne mingonga ya mwitu! mbipangisha mwa kunana lungenyi ne bwa kumvwa cidiye mu bondoke bwende bonso, bwalu mmutambe nkuba, mutambe mupongo, mutambe too ne bayaya ku ngondo! Udi lupepe mwasakasha misoko. Ke Yeye Mawesha Kakafuka, kafukele balume ne bakashi! Wambambabo, wendendabo nende mu bisaka.

Bitwasa kumanya ne kamwe nkamushala, ne tumusasa mushindu eu: Kambi kupa, pa kubyele palwa pakese! Kakwiminyi, waluka mayi, waluka ne mabela awakamwa ku bwana.

Kashama wa dyende ditu katu ufwila bumvidye bwende ne mvidye idi ifumina kudiye yeye. Ke padibo bamubikila ne: Mvidi Mukulu. Amu yeye ke udi Baluba babila mushindu eu.

Sha diitu eu ke 'Sha-Ntu' utu mudyashile ne muye kale.

Kakwena cisamba cidi cipita cya bakame (=Bantu-Bafike) mu malu onso aa a Mawesha, a Mambu ma/ya Mungu, Makambo ma Nzambe, Malu a Mufuki. Ngenyi ne nsombelu wa Mawesha[12] ne bakame mmitampakane mu bafike munkaci mwa bidimu bitwe ku binunu bitanu mbangabanga ne ntendelelu mikwabo kumanyikayo.

Kwambilangana mutudi ki bulanda kufwa. Bukwa bisamba (Bena Yuda, Bakeleke, Bena Itali anyi Bena-Loma) mbiya kusuna ngenyi idi itangile maalu a Mvidi Mukulu mu misoko ya bafike ba Mpata-ya-Nil; bena Lunda, Kongo, Zulu, Luba, Dogon, Bambara, Kuba... Kadi mmunyi mutudi twetu balwe kwimansha bya banyinka, tukadi tukukwila bya kwa ba bende? Tukadi ba bakasankidi nkanu ya bende, tulekela idi ku menu, tuya tukeba idi mu mayi?

Bwa kulwa moyo, bidi bikengela kwelangana nyima ne bakatuswika monshi wa bupika mu nshingu, babanyi ba bingoma bya lufu ne

---

[12]   Bilolo Mubabinge, *Di-Shikula dia ciLuba mu ciKam: Cileshelu 'Kapia',* 2007. Mubabinge udi ufunda ne: Mawesha mmulwile ku *M3a* (=Meeyi, MaLelela-MiImpe-MaLela)+*3ḥ* (...). Mawesha udi kabidi ne kanungu ka *Maw-a-Esha* (...) CiKama cidi cilesha mbangilu wa mena-manene aa: D*yAnga; Cyanga; Cyonga; Mweka, Kweshi,* a.n. Mawesha kena MeEshi to udi *Maw-a-Eshi, Ma-wa-Esh* = Kakafuka-, Cimamu-, Ci-Maw-a-Esha.

bashipyanganyi. "Bible" mu byanza, baya banyinga maloba, mbonga, tubanda, mafuta a tupya, byakudya, bakashi ne bana bya-/ba mukwa Mufike. Pankaci pa +1500 ne +1900, binkalabwa mbishipe ne bashipeshe bafike bapite pa 400.000.000. Tuvwa ku ba 700.000.000 mu ba bidimu +1500. Kadi twetu kulwa kupweka too ne ku 100.000.000 mu +1900[13].

Pankaci pa +1885 ne +1908, Léopold II, mfumu wa ditunga dia Bena-Yesu, dina ne Beleshika mmushipeshe Bena-Congo bapite pa 15.000.000. Ba mufunda ku tubadi kudi bukwa matunga, nanga nanga kudi baFike bayilabo nabo ku Amerika, bu ba Booker Washington. Bintu ebi kabatu baalongesha bana to, bwa bashale bela meshi ne Binkalabwa mbintu bimpe. Byabanya „sukadi", bipongola moyo, bipawula mbonga ne tubanda tonso.

Bafike, tulekele bitabataba. Tukeba dyulu, tulekela banyangi banyanga mpata ya Kongo-Lwalaba, ya Nsadi, ya Luluwa, ya Lubilashi, ya Sankulu, ya Lomami, ya Ituri, ya Wele, ya Nil, ya Tanganyika. Tukeba dyulu, tulekela binkalabwa ne benyi bakwabo ba moyo mubi batunyinga maloba, bya mu maloba, banyinga

---

[13] Mukashi wa C.A. DIOP mmufunda maalu onso aa.

metu, mici ne mpata, batunyinga too ne bakashi ne bana!

Nzambi mutupa BuLoba bwa mwenya, tubulekelela, katuyi tubusungila, katuyi tubufwila. Tulekela bana bafwa masama ne nsala, tuya tukeba dyulu. Mbonga bapawula kudi benyi, kudi binkalabwa, ndeke ibuka ku Cikapa, ku Mbushi-Mayi, ku Shaba, du Goma, ku Bunia, ne byuma byetu, twetu batangile, tusambila.

Tusambidila "nganyi"? Tusambidila "cinyi"? Tulomba "cinyi"? Twela mbila butuku ne munya, mbila ya cyanana, ya bupika, twamba ne tudi tusambila. Pinapo ditunga diya difwa, bana ne bakole baya bafwa. Bifukibwa bya Mwena-Kulu, Bana-ba-Mulopo, tulekela baya bakenga. Bitupela Mawesha, bibaba kudi bukwa bisamba bya mekala makwabo, ka tubyangaci ne mushinga, cinga citudi tulomba ncinyi? Dyulu ne buloba mmapasa a Mawesha. Mukina buloba, mmukine dyulu.

Bwa kushuntulula mpala wa buloba bwa Afrika, amu twetu basumbula nkanu ya bende bwa tushale tusankila amu yetu mifulebu. Bimpe tumanye ne Binkalabwa mbiswe lufu lwetu.

Ke lubila lundi ngela Munu-Kame yonso udi utendelela mu buloba bushima. Ntendelelu ya banyinka icidi ne bushitu ne mushinga wa pa bwawo. Ntendelelu ayo ke ntendelelu ya Bulelela. Binkalabwe bidi bilonga tulasa twa mu musoko wa Thèbes anyi mu Afrika wa ku manda mbimanya bwalu ebu. Dimanya dya malu a Mvidi Mukulu mu Afrika kadyena kufwanyikisha ne dya bena makoyi ne bingoma badi babumbula misoko to. Diba dya kukumbana bwa kumanya bulelela bwa Mufuki, bwalu bulelela ebu kabwena kwona, nansha muya nabo ku bashanyi.

Mifundu mibala

AL-ASSIOUTRY, Sarwat Anis, Jésus l'Egyptien d'après les monuments. I. Prolégomènes, Summa Aegyptiaca, 1999.

ASSMANN, J., Moïse l'Egyptien. Un essai d'histoire de la mémoire, Paris, Aubier, 2001.

BA, A., H., La tradition vivante, in Histoire générale de l'Afrique, vol. 1, Paris, Cerf, 1982, p. 193-195.

BARUCQ, A. ne DAUMAS, F., Hymnes et Prières de l'Égypte Ancienne, Paris, Cerf, 1980 – mu cikoso HPEA. Bandamuna masambila, tusala ne misambo mitwe ku 158-.

BILOLO, M., "L'Un" (W^c) devient-Il "Multiple ($ḥḥ$), Habilitationsschrift, Zürich, 1992.

BILOLO, M., Les cosmo-théologies philosophiques de l'Égypte Antique. Problématique-Prémisses herméneutiques et Postulats majeurs, Kinshasa-Libreville-Munich, 1986.

BILOLO, M., Métaphysique Pharaonique IIIe millénaire av. J.-C. Prolégomènes et Postulats majeurs, Munich-Kinshasa, 1994.

BILOLO, M., Le Créateur et la création dans la pensée memphite et amarnienne. Approche synoptique du «Document Philosophique de Memphis» et du «Grand Hymne Théologique» d'Echnaton, Kinshasa-Libreville-Munich, 1988.

BILOLO, M., Fondements Thébains de la Philosophie de Plotin l'Égyptien, African University

Studies, Munich-Freising-Kinshasa, 2007.

BILOLO, M., Di-Shikula dia ciLuba mu ciKam: Cileshelu 'Kapia', Munich-Freising-Kinshasa, 2007.

BIMWENYI KWESHI, O., Discours théologique négro-africain. Problème des fondements, Présence Africaine, Paris, 1981.

BISSILA, L., L'apport d'Amos 1-2 dans la recherche sur le monothéisme biblique. Inédit.

DRIOTON, E., Le monothéisme de l'ancienne Egypte, in Cahiers d'histoire égyptienne (janvier 1949), p. 167.

Entretiens de novembre 2004 sur le site www.theologia.fr.

ETILE, R.-L. P., Afrique antique. Mythes et réalités, Paris, Menaibuc, 2005.

FOURCHE T. & MORLIGHEM H., Une bible noire (Cosmogonie bantu), 2e édition «Les deux Océans», Paris, 2002.

FREUD, S., L'homme Moïse et la religion monothéiste, Paris, Gallimard, 1993.

GILBERT, P., La poésie égyptienne, Bruxelles, 1949.

KABASELE LUMBALA, F., NTUMBA MWENA MWANZA, Kutendeleela Yezu mu bwena kwetu, Ed. 'Bafike dimanyayi', 2001.

KABASELE LUMBALA, F., Ndi muluba, (je suis un Muluba), Ed. Panubula, Louvain-la-Neuve (Belgique), 2004.

KADIMA KADIANGANDU, Mikombu wa Kalewu Nkayenda Mudidifuke, Paris, Giraf, 1999.

KRAUSS, R., Moïse le pharaon, Monaco, Editions du

Rocher, 2000.

LUFULUABO, F.M., La notion luba-bantoue de l'être (Documents et recherches), Tournai, Casterman, 1964.

MABIKA KALANDA, La Révélation du Tiakanyi, Kinshasa, LASK, 1990

OBENGA, T., La Philosophie africaine de la période pharaonique - 2780-330 avant notre ère, Paris, L'Harmattan, 1990.

MUKENDI KALAELA wa Ntitte Kembe, A la recherche du Ciluba cikendame ; Roma, 1988.

MULAGO gwa Cikala Mush., La religion traditionnelle des Bantu et leur vision du monde (Bibl. du CERA, 1), Kinshasa, PUZ., 1973.

MUSEKA NTUMBA, L., Buena Yezu bua mukwa mufike (Le christianisme africain et l'impératif de l'inculturation, Kananga, Grand Séminaire Malole, 1993.

VAN CANGH, J.-M., Les étapes historiques vers le monothéisme, dans Syllabus du cours RELI 2470 Histoire et archéologie de la Palestine (1ère partie), Louvain-la-Neuve, 2005-2006.

Mabeshi a mu Luntande :

http://www.africamaat.com

http://fr.f270.mail.yahoo.com/ym/ShowLetter?MsgId =1550_40122615_959159_1738_42157_0_9921_1596 73_2152034062&Idx=0&YY=63805&inc=25&order=d own&sort=date&pos=0&view=a&head=b&box=Inbox - _ftnref18#_ftnref18